AF321878

LETTRES PATENTES

DV ROY EN FORME D'EDICT,

pour la reuente en heredité de tous les Offices de Commiſſaires à faire les roolles des Tailles & autres le- uées de deniers, & de l'impoſt du Sel, en tous les lieux où ils ſont de preſent eſtablis.

Veriffié en la Cour des Aydes. 29. Mars 162...

A PARIS,

M. DC. XXI.

Ovys par la grace de Diev, Roy de France et de Navarre, A tous presens & à venir, Salut. La vente & establissement des offices de Commissaires à faire les roolles & departement de nos Tailles & autres leuees de deniers, & de l'impost du Sel créez par nostre Edict du mois de Nouembre mil six cens seize, ayant esté faict en vn temps que les mouuemens qui estoient lors en ce Royaume, empeschoient qu'ils ne peussent estre vendus leur iuste valeur, Nous auons estimé que pour subuenir à la necessité presente de nos affaires, & remplacer la grande faute de fonds qui se trouue dans nos finances, à cause des despences excessiues que nous auons esté contraints de faire en l'année derniere , pour maintenir la tranquilité publique , Nous ne pouuions receuoir meilleure proposition que celle qui nous a esté faite de la reuente desdits offices de Commissaires des Tailles & de l'impost du Sel , puis qu'elle n'apporte aucune diminution de nostre reuenu ordinaire , & qu'elle n'est point à surcharge sur nos subjets, desquels nous auons tousiours eu le soulagement en singuliere recómandation. A CES CAVSES , apres auoir fait mettre cet affaire en deliberation en nostre Conseil , où estoient aucuns Princes, Officiers de nostre Couróne, & autres grands & notables personnages, DE L'ADVIS d'iceluy, & de nostre certaine science, plene puissance & auctorité Royale , Nous auons dict , statué & ordonné, disons, statuons & ordonnons, voulons & nous plaist , que par les Commissaires qui seront à ceste

fin par nous deputez , il ſoit procedé à
la reuente en heredité de tous leſdits
offices de Commiſſaires à faire les roolles de nos Tailles , & autres leuees de
deniers , & de l'impoſt du Sel en tous
les lieux où ils ſont à preſent eſtablis , à
la charge que les premiers acquereurs
deſdits offices, ne pourront eſtre depoſ-
ſedez, ſans eſtre au prealable rembour-
ſez des ſommes contenues en leurs
quittance de finance & contracts d'ac-
quiſition , fraiz & loyaux couſts , ſui-
uant la liquidation qui en ſera faicte
par leſdits Commiſſaires, pour en ioüir
par les nouueaux acquereurs audit tiltre d'heredité, ſoit qu'ils ſoient de nos
Officiers ou autres nos ſubjets , leurs
ſucceſſeurs, ou ayans cauſe, Fermiers
ou commis, par leurs mains, ou les bail-
ler à ferme , ainſi que bon leur ſemble-
ra , aux droicts de douze deniers pour
liure ſur toutes les ſommes contenues

aux roolles qui seront faicts par lesdits
Cōmissaires sans aucunes excepter , &
autres functiós à eux attribuées par l'E-
dict de leur creatió , sans qu'ils en puis-
sent aussi estre depossedez par reduction de deniers à rente ou autrement,
en quelque sorte & maniere que ce
soit , sinon en les remboursant actuellement cōptant & à vn seul payement,
des sommes contenuës en leurs quittances & contracts d'acquisition, frais
& loyaux cousts , suiuant la liquidation qui en sera faite par lesdits Commissaires : Voulans que les contracts
qui seront par eux passez ausdits nouueaux acquereurs, soient de telle force
& vertu que s'ils estoiĕt faicts & passez
en nostre Conseil, lesquels nous auons
validez & validons par ces presentes.
Sɪ ᴅᴏɴɴᴏɴꜱ en mandement à nos
amez & feaux Conseillers les gens te-
nans nos Cours des Aydes de Paris,

Roüen & Montferrand, que ces presentes ils facent lire, publier & regi-
strer, & le contenu en icelles garder &
obseruer, sans qu'il y soit contreuenu
en quelque sorte & maniere que ce
soit, nonobstant quelsconques Edicts,
Ordonnances, Declarations, Arrests
& Reglemens au contraire, Ausquelles
& à la derogatoire des derogatoires y
contenuës, Nous auons derogé & de-
rogeons par cesdites presentes : Desquelles pource qu'on pourra auoir affaire en plusieurs & diuers lieux, Nous
voulons qu'aux copies deuëment col-
lationnées foy soit adioustee comme
au present original : Car tel est nostre
plaisir. En tesmoing dequoy nous
auons faict mettre nostre seel à cesdites presentes. Donné à Paris au
mois de Ianuier l'an de grace 1621.
Et de nostre regne le vnziesme.
Signé, LOVYS. Et sur le reply,

Par le Roy, De Lomenie. Et scellees
du grand sceau de cire verde en lacs de
soye rouge & verde. Et sur ledit reply
est escript.

*Registrees en la Cour des Aydes, ouy le Procu-
reur general du Roi pour estre executees selon leur
forme & teneur, & iouyr par les nouueaux adiudicataires de l'effect & contenu, tant esdites
lettres que Edict de creation desdits Offices, suiuant l'Arrest de ladite Cour donné ce iourd'huy,
les chambres assemblees, à Paris le 9. iour de Feurier l'an 1621. Signé,* P A V L M I E R.

EXTRAICT DES REGISTRES
de la Cour des Aydes.

V E V *par la Cour les Chambres as-
semblées, les Lettres patentes du Roy
en forme d'Edict, donnees à Paris au mois
de Ianuier 1621. Signees* L O V Y S. *Et
sur le reply, Par le Roy; De Lomenie, à
costé Visa, & seellees, portant sa volonté
qu'il soit procedé à la reuente en heredité de
tous les offices de Commissaires, à faire les*

rolles des Tailles & autres leuées de deniers,
& de l'impost du Sel en tous les lieux où ils
sont de present establis, à la charge que les
premiers acquereurs desdits offices ne pourõt
estre depossedez, sans au prealable estre rem-
bourcez des sommes contenuës en leurs quittances de finance, & cõtracts d'acquisition,
fraiz & loyaux cousts, suiuant la liquidation qui en sera faicte par les Commissaires
à ce deputez pour en ioüir par les nouueaux
acquereurs audit tiltre d'heredité, soit Officiers du Roy ou autres ses subjets, leurs suc-
cesseurs ou ayans cause, Fermiers ou Commis, ainsi que bon leur semblera, aux droicts
de douze deniers pour liure, sur toutes les
sommes contenuës aux roolles qui seront
faicts par lesdits Cõmissaires sans aucunes
excepter, & aux functions à eux attribuees
par l'Edict de leur creation, sans qu'ils puis-
sent en estre depossedez par reduction de deniers à rente ou autrement, sinon en les remboursant actuellemẽt cõptant, & à un seul

payement, des sommes contenuës en leurs
quittances & contracts, fraiz & loyaux
cousts, suiuãt la liquidation qui en sera faite
par lesdits Commissaires, validant les contracts qui en seroient faicts & passez par
eux auec lesdits nouueaux acquereurs, cõme
s'ils estoiët faicts au Conseil de sa Majesté,
Conclusions du Procureur general du Roy,
& tout consideré, La Cour a ordonné &
ordõne, que lesdites Lettres seront registrees
au Greffe d'icelle, pour estre executees selon
leur forme & teneur, & ioüir par les nouueaux adudicataires, de l'effect & contenu
tant esdites Lettres que Edict de creation
desdits Offices. Fait à Paris en la Cour des
Aydes les Chambres assemblees, le 9. iour
de Feurier 1621. Signé, PAVLMIER.

LOVYS par la grace de Dieu Roy
de France & de Nauarre, A nos
amez & feaux les sieurs de Ca-
stille Conseiller en nos Conseils,
Controolleur general, & Intendant de nos

finances, de Berulle noſtre Conſeiller, &
Maiſtre des Requeſtes de noſtre Hoſtel, le
Lieure noſtre Conſeiller & Maiſtre ordinaire en noſtre Chambre des Comptes : &
de Foucault, Hebert, Turpin, Lormier, &
Bragelône nos Conſeillers en noſtre Cour
des Aydes, Salut.   Nous auons par noſtre
Edict du mois de Ianuier dernier verifié en
noſtre Cour des Aydes à Paris, le 9. iour de
Feurier enſuiuant ordonné la reuente des
Offices de Commiſſaires des Tailles, & de
l'impoſt du Sel par nous cy-deuant créez;
pour l'execution duquel noſtredit Edict,
eſtant beſoin de commettre des perſonnes
de ſuffiſance & capacité, Nous pour l'en-
tiere cognoiſſance que nous auons de vos
integritez, ſuffiſance & grande experience,
A CES CAVSES vous auons cômis & deputez, cômettons & deputons par ces preſen-
tes trois de vous, en l'abſence des autres,
pour en noſtre nom, & en vertu de noſtredit Edict proceder à la reuente deſdits Offices de Cômiſſaires des Tailles, & de l'impoſt du Sel par ſimples encheres, tierce-
mens & doublemens au plus offrant & dernier encheriſſeur: les ſolennirez gardees &
obſeruees, ſoit en particulier, par Parroiſſes

ou en general, selon que vous trouuerez
nostre côdition plus aduantageuse, suiuant
les Arrests & Reglement dônez en nostre
Conseil lés 16. Decembre 1617. & 9. Iuin
1618. Que nous voulons auoir lieu pour
tout le ressort de nostre-dite Cour des Aydes, pour d'iceux Offices jouïr par les nou-
neaux acquereurs du iour du rembourse-
ment fait aux anciens proprietaires aux
droicts de douze deniers pour liure sur
tout ce qui s'imposera dans l'estandue de
leurs charges, tant pour le principal de la
Taille, creuës y joinctes, Taillon & solde,
creuë des garnisons, & autres leuees, tant
ordinaires & extraordinaires, & de l'impost
du Sel, gages & droicts des Officiers, que
generalemẽt sur tout ce qui sera comprins
& employé és roolles & assiettes qu'ils feront, excepté sur leurdit droict de douze
deniers seulement, à la charge neanmoins
que les anciens acquereurs desdits Offices
de Cômissaires ne pourront estre depossedez, qu'ils ne soiẽt prealablemẽt rẽboursez
actuellement de la finance qu'ils verifierõt
pardeuant vous auoir payee, sans fraude ni
deguisement, frais & loyaux cousts : pour
estre les deniers qui prouiendront de ladite

reuente payez & mis és mains de M. Edoü-
ard de Ligny Tresorier de nos parties Ca-
suelles, ou du porteur de ses quittances, sur
lesquelles leur seront par vous expediez
les contracts des reuentes desdits Offices,
sans qu'il leur soit besoin d'obtenir autres
prouisions & ratifications, ni qu'ils soient
tenus de faire regiftrer leursdits contracts
au Greffe des Tresoriers de France, ny ail-
leurs, ny les anciens acquereurs s'ils se ren-
dẽt adiudicataires des mémes Offices qu'ils
possedent, tenus ni leurs Cõmis à nouuelle
preftatiõ de fermẽt, ni pource payer aucune chose. Voulans que les reuentes desdits
Offices qui seront par vous ainsi faites,
soient de tel effect, force & vertu, que si c'e-
ftoit en noftre Conseil : Lesquelles nous
auons dés à prefẽt validees & ratifiees, validons & ratifiõs par ces presentes. Et d'au-
tant que vous ne pourriez vacquer en tous
les lieux & endroits de noftredite Cour des
Aydes à l'execution de noftre presente
Commiffion, si promptement que nous le
desirerions, & qu'il eft requis pour le bien
de noftre seruice : auffi qu'il pourra eftre
beaucoup plus aduantageux pour nous, &
commode aux parties, de reuendre sur les

lieux lefdits Offices. Vous auons à ces fins
dõné & dõnons pouuoir de commettre &
fubdeleguer, foit par generalitez, eflectiõs
ou grenierà Sel, tel des Officiers d'iceux ou
autres que vous aduiferez, pour proceder à
la reuente defdits Offices, auec le mefme
ordre, pouuoir & auctorité que nous vous
auons dõné, & celuy qui leur fera par vous
prefcrit, que nous auons dés à prefēt validé
& ratifié, validõs & ratifions pat ces prefentes : Prometans en foy & parole de Roy
auoir pour agreable, tenir ferme & ftable,
tout ce qui fera par vous & vofdits fubde-
leguez, fur ce fait geré & negocié en execution de nofdites Lettres de declaration,
Arrefts & Reglemens de noftredit Cõfeil:
enfemble des prefentes circonftãces & de-
pendãces, fans fouffrir ni permettre y eftro
contreuenu. Et eftant auffi befoin pour l'e-
xecution d'icelles, que vous ayez vn Greffier qui foit verfé & ait l'experience necef-
faire en tel cas. Nous deuément informez
de la fuffifance & experiēce de noftre cher
& bien amé M. Eftienne de Fieux Cõtrool-
leur general de noftre Domaine en la ge-
neralité de Soiffons, l'auons cõmis & ordonné en ladite charge de Greffier, auec

pouuoir de commettre en icelle, tant prés
de vous que de vosdits subdeleguez, per-
sonne capable pour exercer ladite charge,
auquel & à vosdits subdeleguez, Huissiers,
Sergens & autres personnes qui seront employez en vertu de vos ordonnances à l'effect & executió des presentes, sera par vous
fait taxe de leurs escritures, iournees & vacations raisonnables, ainsi que vous aduise-
rez en vos loyautez & consciences : cóme
au séblable vosdits subdeleguez ferót taxe
ausdits Cómis, Greffiers, Sergens & autres
employez sous eux. Et pour vos iournees
& vacations, il en sera par nous fait taxe en
nostre Conseil. Pour subuenir au payemēt
desquelles, ordonnons que les nouueaux
adiudicataires & acquereurs desdits Offices
payeront vn sol pour liure de la sóme à la-
quelle mótera le pris de leur adiudication,
ainsi qu'il a esté fait lors de l'establissement
desdits Offices. De ce faire vous donnons
pouuoir, cómission & mandement special:
MANDONS à tous nos autres Iusticiers, Officiers & subjets, qu'à vous & à vosdits sub-
delegués, en ce faisant ils obeïssent, dónent
conseil, confort & aide, en ce que par vous
& vosdits subdeleguez ils seront requis: Et

aux Greffiers defdites eſlectiõs & greniers
de vous deliurer les aſſiettes, departement,
roolles des Parroiſſes defdites leuees , &
impoſt du Sel de la preſẽte annee, & generalemẽt tous autres actes qu'ils ont en leur
poſſeſſiõ, & dont ils feront requis: Lefquels
ne pourrõt neantmoins eſtre retenus que
huict iours au plus, afin d'expoſer lefdits
Offices en reuente fur le pied des fufdites
leuees & impoſitions; à quoy lefdits Greffiers mefmes, les Efleus & Grenetiers qui
ſ'en trouueront chargez, feront contraints
cõme pour nos propres deniers & affaires,
par le premier Huiſſier ou Sergent fur ce
requis: auquel de ce faire dõnons pouuoir:
& tant pour l'execution de noſtredite Declaration, Arreſts & Reglemens fufdits,
que de vos ordonnances & chofes en dep-
pendant, faire tous exploicts, contraintes
& executiõs pour ce neceſſaires, fans pour
ce demander aucun placet, Viſa ne Parea-
tis: Nonobſtant auſſi opoſition ou appel-
lation quelsconques, & fans preiudice d'i-
celles : La cognoiſſance defquelles nous
auons interdite & defendue à tous nos
Cours de Parlement, Chambre des Comptes, Cour des Aydes, Treforiers de Fran-

ce, & autres Iuges quelsconques : & icelle
reseruee à nous & à nostre Conseil.   Et
pource que des presentes on pourra auoir
à faire en plusieurs & diuers lieux , N o v s
voulons qu'au Vidimus d'icelles , fait sous
scel Royal, ou collationné par l'vn de nos
amez & feaux Conseiller, Notaire & Se-
cretaire, foy soit adioustee comme au present original : Nonobstant quelsconques
Ordonnances, Restrinctions, Mandemens,
Defenses, prise à partie & Lettres à ce con-
traires : Car tel est nostre plaisir. Donné à
Paris le vingt-neufiesme iour de Mars l'an
de grace mil six cens vingt-vn.   Et de
nostre regne le vnziesme.
Signé,   L o v y s.
Et plus bas, Par le Roy, De Lomenie.
Et scellé sur simple queuë du grand scel de
cire jaune.

www.ingramcontent.com/pod-product-compliance
Lightning Source LLC
LaVergne TN
LVHW011056050726
842519LV00004B/1657